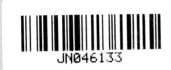

Nishiguchi's Closet

10 items for 100 looks

Jacket Coordinate / Suit Coordinate / Shirt Coordinate / Knit Coordinate
Cut & Sewn Coordinate / Casual Jacket Coordinate
Coat Coordinate / Jeans Coordinate / Casual Pants Coordinate / Trousers Coordinate

ビームスF ディレクター
西口修平

ONE PUBLISHING

序にかえて

幼い頃、映画好きな父が借りてきたＶＨＳを
よく一緒に観たのをいまも覚えています。
当時から外国人のライフスタイルに
なんとなく興味を持ち始めていたのは、
そのほとんどがハリウッド映画だったからなのかもしれません。

小学校高学年になると、自然と自分で洋服を買い集めるように。
そして、小学校６年生のときのリーバイス®５０１®との
運命的な出会いが決め手となり、
現在まで続く私の洋服人生がスタートしました。

私が所有しているアイテムのほとんどは
５０１®に代表されるように、とてもベーシックなものです。

しかし、そんな洋服や小物を少しだけ違った視点で
組み合わせてみることで、ありきたりなアイテムたちが
とても新鮮に見えることがあります。

それは、洋服を心から楽しいと思える瞬間であり、
洋服が持つ無限の可能性を感じることができる至福のひととき。

お洒落を難しく感じている人には、
洋服の楽しみを感じていただくきっかけとして。
そして、お洒落が好きな人には、
新しい発見を通して
さらに洋服を面白がっていただくきっかけとして。

すべての人にとって、
本書がお洒落をもっと謳歌するきっかけになれば幸いです。

ビームスF　ディレクター

西口修平

Profile : 西口修平　ビームスF　ディレクター

1977年、大阪府生まれ。古着店やデザイナーズブランドを扱うショップで働いたのち、
クラシックに目覚めビームスに入社。梅田店や神戸店にて約10年間、
販売職を経験したのち、バイヤーとして抜擢され上京。2014年から現職。
「ピッティ・ウオモ」で最もスナップされる人物として世界から注目されている。
クラシックを基軸としつつも、そこに独自の感性で
古着などをミックスさせるコーディネートに定評あり。

ファッション識者が語る
西口修平が世界を魅了する理由

Timeless

Primo Guercilena
（ショールームA.S.A PRIMO CEO）

私はMr.Nishiguchiを何年も前から知っていて、SNSをフォローしているうちのひとりですが、
彼には持って生まれた自然に人を魅了する上品さと美的感覚があります。
洗練された色彩感覚と真似することのできない洋服の合わせ方、タイムレスでクラシックでありつつも、
コンテポラリーなアイテムやビンテージを上手にミックスするスタイルに
深く感銘を受けています。最後に重要な点として、どのルックにも彼の審美眼によって
選び抜かれたアクセサリーが必ず取り入れられていること。
眼鏡、時計、ブレスレット、靴、ベルトそして鞄……彼のスタイルは隅々まで行き届いています。

Cosmopolitan

Karl-Edwin Guerre
（フォトグラファー）

スタイルは個々が置かれる環境や経験、
そして寛容な心によって自然と身に付くものです。
彼のスタイルはコスモポリタンな男性を
象徴していると言えるでしょう。
自身のアイデンティティは失わず、他の国の文化的経験を
独自のスタイルにいとも巧みに取り入れています。
どんなところでも調和できる男性を体現化した人であり、
それはスタイルの本質であると言えます。

Sophisticated

Luigi Lardini
（LARDINI クリエイティブ ディレクター）

Mr.Nishiguchiは細部に至るまでの
こだわりと洗練されたセンスを
持っていると思います。
また、ビンテージとコンテンポラリーを
見事にミックスさせる
彼の能力と探求心を
私は尊敬しています。

Mix

Michael Hill
（DRAKE'S ディレクター）

モダンなピースに並外れたセンスの
ビンテージを組み合わせる
ユニークな発想がMr.Nishiguchiにはあります。
何より彼はシルエットのマスターであり、
会うたびに感心させられます。

Originality

Simon Crompton
（ジャーナリスト、ブロガー）

Mr.Nishiguchiは、この世のなかで
私自身のインスピレーションのために
フォローする数少ない人のひとりです。
彼の色彩への審美眼と
テーラーリングの組み合わせ方の
オリジナリティは特に印象的です。

Stylish

Vincenzo Attolini
（STILE LATINO ディレクター）

Mr.Nishiguchiは我々が知るなかで
最もスタイリッシュな男性のひとり。
スーツ、ジャケット、コートすべてにおいて
完璧に着こなしています。
彼が上質素材のスティレ ラティーノのスーツを
あのハンサムな容姿で
着こなしているのを見ると、
とても幸せな気分になりますね。
Mr.Nishiguchiは我々のインスタグラムに
登場した初めての人であり、
まさに"スティレ ラティーノマン"なのです。

Elegance

Domenico Gianfrate
（PT01 ディレクター）

Mr.Nishiguchiは私の親愛なる友人であるうえ、私の知っている範囲で
最もパーソナリティのあるエレガントな男性だと思います。
彼の秀でた才能は、サルトリアルなアイテムとデニムやミリタリーなどのビンテージをミックスし、
常にとてもモダンでコンテンポラリーなアウトフィットを完成させることです。
特に私が注目する点は、アクセサリー・ディテールへのこだわりです。

Classic & Contemporary

Sam Kershaw
（MR PORTER バイイングマネージャー）

伝統的なクラフトマンシップへの理解力は、Mr.Nishiguchiの洗練された独自のスタイルに
反映されていると思います。クラシックなシェイプとコンテンポラリーなアイテムを
巧みに取り入れる彼のスタイルは、洋服のディテールへの洞察力を物語っています。

Contents

Nishiguchi's Closet 10 items for 100 looks

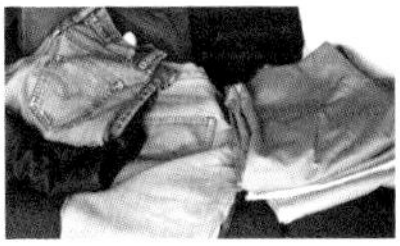

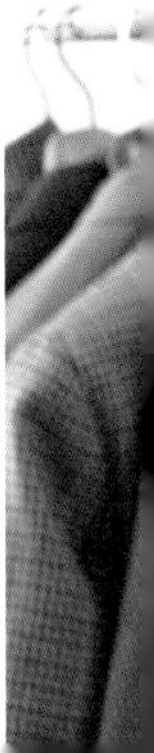

Item 01 Jacket Coordinate

ジャケット編

Philosophy

「クラシックな色柄」を意識して揃えることがコーディネートの幅を生む

イタリアの仕立ての良いサルトリアの洋服の魅力は、何よりも着心地が軽く感じられること。そして、重く硬い生地でも体を柔らかくしなやかに包み込み、立体的に見せてくれることです。

平面の生地が熟練の職人たちの手によって裁断・縫製されることで立体へと姿を変え、珠玉の一着へと進化していく。そして、精魂込めて仕立てられたジ

まずは定番の紺無地
ダブル仕立てで
変化を付ける

ャケットは、着る人の毎日をより豊かにしてくれる。私は、紳士服のひとつの到達点がそこにあると思います。

　私のクローゼットに並ぶジャケットは、どれも昔からある色柄を用いたベーシックなものばかり。皆様にもぜひ定番色の無地や、グレンプレイド、ハウンドトゥース、ガンクラブなどの伝統的な柄を選んでいただきたいです。多少似ていたとしても、気に入ったものを買い揃えていくなかで、自身の着こなしの幅は一層広がるはずですから。

Base Items

right : STILE LATINO
middle : STILE LATINO
left : DE PETRILLO

カントリーテイストを
取り入れるときは
ガンクラブチェックを

グレンプレイドなら
渋み溢れる大人な装いが可能に

ラギッドなアメリカン要素を
強めながら、グッチのビットや
金縁メガネなどを使うことで
上品さをミックスさせました.

ブレザーを用いたラギッド＆ラグジュアリースタイル。シャンブレーのボタンダウンシャツ、レジメンタルタイ、ミリタリーパンツなどアメリカ色が強めですが、随所にゴールドを配して上品に。

jacket : STILE LATINO
shirt : CUSTOM TAILOR BEAMS
tie : FRANCO BASSI chief : JOHN COMFORT
pants : US ARMY shoes : GUCCI
glasses : VINTAGE

n°
001

ウエスタンとプレッピーのミックススタイル。タータンチェックのシャツとレジメンタルタイによる濃厚なVゾーンがポイントです。Vゾーンのインパクトに負けないようウエスタンブーツで味付けを。

jacket : STILE LATINO
shirt : RALPH LAUREN
tie : GIERRE
pants : LEVI'S® belt : COACH
shoes : TONY LAMA

n° 002

グレンプレイドのジャケットをメインにしたイタリアンスタイルを、モノトーン調でモダンに。カシミアのネクタイとジャケットの柔らかな素材感をマッチさせて、軽快で上品な着こなしを実現しました。

jacket : STILE LATINO
shirt : GITMAN BROTHERS
knit : CRUCIANI tie : PETRONIUS
chief : BREUER pants : RALPH LAUREN
shoes : NEW & LINGWOOD

n° 003

プレッピーの定番冬スタイルをイメージ。チノやスエードシューズなど土臭さのあるアイテムを取り入れながらも、シャギードッグニットは白にしてクリーンに。冬ですが足元は軽快にスリップオンを。

jacket : STILE LATINO
knit : BEAMS PLUS
stole : BEGG & CO
pants : US ARMY belt : ANDERSON'S
shoes : CROCKETT & JONES

nº 005

ブリティッシュアメリカンスタイルのオールドスクール版というイメージ。ツイードのジレやデニムシャツだとカントリー調に偏ってしまうところを、タイやチーフはシルクできれいな色を差して色気をプラス。

jacket : DE PETRILLO
shirt : RALPH LAUREN
vest : VINTAGE tie : FRANCO BASSI
chief : ETRO pants : RALPH LAUREN
shoes : GRENSON belt : COACH

nº 004

チェックジャケットとミリタリーパンツの組み合わせ。茶系でまとめつつ、インナーには明るい色を用いて野暮ったさをなくしています。軽快なスタイルなので、チーフはあえて付けていません。

jacket : DE PETRILLO
sweat shirt : ITALIAN ARMY
pants : US ARMY
shoes : CROCKETT & JONES
sunglasses : AMERICAN OPTICAL

nº 006

白、黒、青のみでストイックに仕上げたブリティッシュアメリカンスタイル。黒のニットタイには黒いセルフレームの眼鏡がよく合います。靴はロングウイングのタッセルでアメリカンなムードを強調。

jacket : STILE LATINO
shirt : RALPH LAUREN tie : FIORIO
pants : LEVI'S® shoes : ALDEN
glasses : MOSCOT
belt : WHITEHOUSE COX

nº 007

オーバーサイズの太いデニムを穿いたリラックススタイル。ボーダーのイエローとブレザーの金ボタンをさりげなくリンクさせたのもポイント。フレンチ要素をミックスさせたスタイルですね。

jacket : STILE LATINO
cut & sewn : SAINT JAMES
pants : LEVI'S®
shoes : CROWN
glasses : OLIVER PEOPLES

nº 008

カントリージェントルマンがテーマ。コーデュロイパンツやハットのフェルトの質感などにこだわりました。ムダを省いてシンプルにまとめたいときほど、素材感によく注意して選んでいます。

jacket : DE PETRILLO
knit : BEAMS F chief : ERAL 55
pants : RALPH LAUREN
shoes : ENZO BONAFE
hat : BORSALINO

nº 009

モノクロのスタイルは
シンプルが私の鉄則。
サルトリアスタイルを
上品でスポーティな雰囲気に

一切ムダのないブラック＆グレーの色使いで表現したサルトリアスタイルを、タートルネックニットでスポーティに。ハイウエストのトラウザーズにタックインして上品な印象に仕上げました。

jacket : STILE LATINO
knit : CRUCIANI
chief : DRAKE'S
pants : PT01
shoes : JOSEPH CHEANEY

nº
010

スーツ編

Philosophy

柔らかい印象の「茶系」を多く所有 タイやニットで緩急を

スーツはその汎用性の高さから、ビジネス以外でも冬はハイゲージのタートルネック一枚で着るだけでお洒落に見せることができます。ジャケット同様にできる限り仕立ての良いものを選び、体を包み込むフィット感を重視するのが大切です。ジャケットの重量が首から肩周り全体にしっかりと分散されて落ち着き、軽さを感じられるもの。

渋みと色気を内包する
ブラウンスーツ

スーツ選びの基準は、これに尽きると思います。
　定番のネイビーやグレーにももちろん袖を通しますが、ブラウンやベージュのスーツもお気に入りです。ネイビーやグレーの持つ堅さに比べて、これらのスーツは柔らかい印象を与えてくれますからね。その柔和さのなかでキッチリとネクタイを締めると、粋に見えるのです。
　一方で、タイを締めずにニット一枚で着れば上品な抜け感を作れるのも、ブラウンスーツならではの魅力。そんな理由から、私の所有するスーツはブラウンのほうが多いくらいです。

Base Items

right : STILE LATINO
middle : STILE LATINO
left : BEAMS F

凛とした佇まいを
演出する
定番のチャコールグレー

コットンのベージュスーツは
軽やかに着こなす

こってりとした
ブリティッシュアメリカンスタイル。

ビンテージ調のタイには、ノスタルジックなムードのコンビシューズがよく似合います。コンビシューズを履くときは、うるさくならないように全身の色合いを揃えるのがポイントです。

suit : STILE LATINO
shirt : BROOKS BROTHERS
tie : RALPH LAUREN
chief : DRAKE'S
shoes : GRENSON

nº
011

ダークブラウンとブラックで統一し、足元のゴールドをアクセントにしたモダンサルトリアスタイル。靴に合わせて、チーフもブラック×イエローのものを選んでさりげなくリンクさせました。

suit : STILE LATINO
knit : JOHN SMEDLEY
chief : BEAMS F
shoes : CROCKETT & JONES

nº 012

クラシックのタブーとされていた「ブラック」をさりげなく取り入れることで、モダンな雰囲気を表現。タイがブラックなので、足元もブラックをチョイス。シャツはクレリックで少し遊びを効かせました。

suit : BEAMS F
shirt : AVINO LABORATORIO NAPOLETANO
tie : HOLLIDAY & BROWN
chief : PAOLO ALBIZZATI
shoes : ENZO BONAFE

nº 013

サルトリアスタイルのカジュアル版。上品なリゾートスタイル的な味付けをするべく、ポロシャツの襟を出し、リラックス感をプラスしました。ネッカチーフは嫌味にならない程度に見え方を調整。

suit : STILE LATINO
knit : JOHN SMEDLEY
scarf : BLUMER
shoes : GUCCI

nº 014

Vゾーンの色柄使いがポイント。グリーンのペイズリータイとパープルストライプのシャツの組み合わせは一見派手に見えがちですが、ダブルジャケットのVゾーンは狭いのでトライしやすいです。

suit : BEAMS F
shirt : BARBA
tie : JOHN COMFORT
chief : NO BRAND
shoes : ENZO BONAFE

nº 015

色使いでほんの少しの色気を感じさせるイタリアのサルトリアルック

深みのある色で嫌味のないように意識したビンテージサルトリアスタイル。赤いタイは茶などの同系色と合わせると馴染んで見えます。１点１点が主張しすぎないようにするのが私のスタイルです。

suit : STILE LATINO
shirt : GITMAN BROTHERS
tie : ETRO
chief : HERMES
shoes : ENZO BONAFE

nº
016

サルトリア仕立てのコットンスーツにバティック調シャツで華やかな要素をプラスし、サファリテイストを表現。フェード感のあるシャツを引き立たせるべく、シューズは軽快なデザインを選んでいます。

suit : STILE LATINO
shirt : RALPH LAUREN
shoes : POLPETTA
sunglasses : AMERICAN OPTICAL

nº 017

色使いによって色気を表現したブリティッシュアメリカンスタイル。パネルストライプのタイで新鮮な表情に。ボルドーのVゾーンに対して、チーフはあえて若干色味をずらしてパープルを選択。

suit : STILE LATINO
shirt : RALPH LAUREN
tie : GIERRE chief : NO BRAND
collar pin : VINTAGE
shoes : ALDEN

nº 018

コットンスーツには、光沢のないマダープリントのビンテージタイがマッチ。素材感や色の組み合わせにより、夏でも涼感あるスーツスタイルが実現します。エプロンフロントのスリップオンで締まりを。

suit : STILE LATINO
shirt : CUSTOM TAILOR BEAMS
tie : HARRODS
chief : HARRODS
shoes : CROCKETT & JONES

nº 020

グラフチェックのシャツと無地のネイビーニットタイでストイックに仕上げたブリティッシュアメリカンスタイルです。チーフでほんのり色を足すことで、真面目になりすぎないように華やかさを。

suit : BEAMS F
shirt : ERRICO FORMICOLA
tie : BEAMS F
chief : HERMES
shoes : ALDEN

nº 019

Spring

心地良い季節にふさわしい華やかさを添える

クレイジーストライプ
シャツはノータイで。
チーフでシャツの色を
拾って統一感を。

jacket : CANTARELLI
shirt : RALPH LAUREN
chief : DRAKE'S

シャンブレーシャツに
明るめのチェックの
タイで春らしく
爽やかなVゾーンに。

jacket : CANTARELLI
shirt : RALPH LAUREN
tie : DRAKE'S
chief : RALPH LAUREN

Vゾーンが狭いダブル
だからこそ絵になる
丸襟のクレリックと
幅広段落ちのタイ。

suit : STILE LATINO
shirt : RALPH LAUREN
tie : BEAMS F
chief : BEAMS F

ベージュと相性の良い
グリーンのニットを
合わせました。
チーフは色をずらして。

suit : STILE LATINO
knit : JOHN SMEDLEY
chief : VINTAGE

Vゾーンは男の色気の見せどころ

〜春夏秋冬シーズンごとの味付けを〜

ジャケットやスーツの素材感や色が季節によって変わるように、Vゾーンもそれに合わせて表情を変化させたいもの。春夏は明るめのトーンや清涼感のある素材で「軽く」、秋冬は暗い

Summer

基本は涼やかな黒、色を差すなら素材で涼感を

麻のスーツの素材感と
シャンブレーは好相性。
エメラルドグリーンの
タイで色気と涼感を。

suit : DE PETRILLO
shirt : CUSTOM TAILOR BEAMS
tie : FRANCO BASSI
chief : HERMES

インナーをブラックに
すれば大人らしい
シックな印象に。
チーフもブラックで。

suit : DE PETRILLO
knit : BEAMS F
chief : BEAMS F

ネッカチーフは結ばず
襟に沿わせることで
キザすぎず
さりげない艶感を。

jacket : DE PETRILLO
shirt : WRANGLER
neckerchief : BEAMS F

モノトーンジャケットの
Vゾーンは
モノトーンで
まとめるのが基本。

jacket : DE PETRILLO
shirt : AVINO LABORATORIO NAPOLETANO
tie : ASCOT chief : DRAKE'S

Autumn

色数を抑えながら、ディテールで遊び心を表現

ストライプの間隔差が
激しいパネルタイなら
メリハリのある
Vゾーンが完成します。

suit : SARTORIA DALCUORE
shirt : BROOKS BROTHERS
tie : GIERRE
chief : MUNGAI

ストライプや
ペイズリーなど
様々な柄を使用する
場合は色を揃える。

suit : SARTORIA DALCUORE
shirt : AVINO LABORATORIO NAPOLETANO
tie : RALPH LAUREN
chief : VINTAGE

ブレザーもシャツも
デニム。トーンを
ずらしてメリハリを。
その分タイは鮮やかに。

jacket : STILE LATINO
shirt : RALPH LAUREN
tie : GIERRE
chief : BEAMS F

両胸ポケットの
シャツをジャケットに。
ネックが合っていると
より洗練された印象に。

jacket : STILE LATINO
shirt : BIG MAC
chief : VINTAGE

トーンや温かみのある素材で「重く」まとめるのが基本です。

そして、堅く見せたい場合は白の分量が多いシャツにシルク製のタイを。くだけたシーンで着用する場合は、シャンブレーやデニムのシャツに太幅のレジメンタルタイを合わせると、こなれて見えます。

また、カジュアルなシャツも、ジャケットのインナーとして着る場合は、ネックがジャストサイズのものを選ぶのが鉄則。ネクタイの収まりが良くなることでコーディネートが格段に洗練されますから。

胸元のチーフに関しては、Vゾーンのシャツとタイの色を拾うのが基本。ただし、絶妙に合わせすぎない、ギリギリを攻めるのがマイスタイルです。

Winter

温かみのある素材とブラウン系の色合わせを楽しむ

フランネルのスーツと
シルクの質感は
相性抜群。あえて結ばず
垂らしてラフに。

suit : STILE LATINO
knit : DRUMOHR
scarf : ANNEE

茶スーツは同系色で
合わせるのがベター。
一番明るいトーンが
浮かないよう注意を。

suit : STILE LATINO
shirt : RALPH LAUREN
tie : RALPH LAUREN
chief : HOLLIDAY & BROWN

冬の最有力インナーの
ハイゲージタートルニット。
これを合わせておけば
間違いがない。

jacket : STILE LATINO
knit : BEAMS F
chief : VINTAGE

紡毛素材の
ジャケットとジレには
鈍い光沢の
タイやチーフを。

jacket : STILE LATINO
shirt : GITMAN BROTHERS
tie : FRANCO BASSI
vest : VINTAGE chief : ETRO

Philosophy

シャツ編

「サイジング」や「アイロンの当て具合」は着方に応じて変える

カジュアルシャツのサイジングは、テイストによって様々。ゆるくブラウジングさせたい場合はわざと大きめを選びます。一方で、タイドアップする際はジャケットのインナーとして着ることになるため、カジュアルシャツであってもネックと袖丈がきっちり体に合うものを選ぶようにしています。

どんなアイテムと組み合わせるのかということも、とても重要。例えば、ウールの堅いスーツを着る場合はビシッとアイロンを当てますが、コットンやリネンなど少しカジュアルな雰囲気のスーツには軽くアイロンを当てる程度に。同じシャツであっても、コーディネートによってきっちりとさせたり少しラフな印象を演出したりと、雰囲気を変えて着るように心がけています。

スーツにも抜群の相性を見せるブラックデニム

Base Items

right : RALPH LAUREN
middle : RALPH LAUREN
left : BROOKS BROTHERS

定番のボタンダウンは
カジュアルにはもちろん
ドレスにも使う

マドラスチェックで
カジュアルに彩りを添える

プレッピーとリゾートのミックススタイル。リボンベルトとハットで上品に表現しました。春夏らしいスタイリングなので、足元はキャンバスのホワイトスニーカーを。腕まくりなどのこなしでさらに軽やかに。

shirt : BROOKS BROTHERS
pants : RALPH LAUREN
belt : PAOLO ALBIZZATI
shoes : KEDS
hat : BORSALINO

nº 021

茶に黒を取り入れることでコンテンポラリーなムードを表現したモダンビンテージサルトリアスタイル。風合い豊かなリネンと味わい深いデニムの質感のマッチングはとても良いと思っています。

shirt : RALPH LAUREN
suit : DE PETRILLO
chief : BEAMS F
shoes : BAUDOIN & LANGE

nº 022

ホワイトのオックスフォードシャツ×レジメンタルタイのオールドスクールスタイル。チロリアンジャケットをブレザーに見立てたのがポイントです。パイピングとタイの色味をさりげなく合わせました。

shirt : BROOKS BROTHERS
jacket : ALAIN
vest : ITALIAN NAVY
tie : HOLLIDAY & BROWN
pants : LEVI'S® shoes : ALDEN

nº 024

モダンビンテージカジュアルスタイル。ホワイトのオックスフォードではなく、ブラックデニムのシャツを選んで野趣あふれる雰囲気に。ただし足元はグッチのビットローファーでエレガンスを意識しました。

shirt : RALPH LAUREN
pants : NEW ZEALAND ARMY
shoes : GUCCI
sunglasses : PERSOL

nº 023

大人の休日のプレッピースタイル。
柔らかなスエードが
優雅さを引き立てます

マドラスチェックのシャツに上質なスエードブルゾンを羽織って、ビンテージプレッピーカジュアルを野暮ったくなりすぎないよう調整。オフホワイトのパンツが上半身の色使いを引き立てます。

shirt : RALPH LAUREN
jacket : EMMETI
t shirt : REMI RELIEF
pants : RALPH LAUREN
belt : WHITEHOUSE COX
shoes : CROCKETT & JONES
sunglasses : AMERICAN OPTICAL

n°
025

夏のブレザースタイル。マドラスチェックのシャツをタイドアップして、適度に色落ちしたジーンズと軽快なブラウンカーフのスリップオンを合わせました。定番アイテムも、組み合わせ次第で新鮮に。

shirt : RALPH LAUREN
jacket : CANTARELLI
tie : INTERNATIONAL GALLERY BEAMS
chief : VINTAGE pants : LEVI'S®
shoes : CROCKETT & JONES

nº 026

マドラスチェックシャツのボタンを４つほど開けたゆるい着こなし。ただし、タックインしてメリハリを出しました。足元には肩肘張らないムードのホワイトのキャンバススニーカーをチョイス。

shirt : RALPH LAUREN
t shirt : REMI RELIEF
pants : RALPH LAUREN
shoes : US ARMY CONVERSE

nº 027

ブリティッシュアメリカンスタイルをサルトリアのスーツで表現。オックスフォードのボタンダウンシャツも、襟元のボタンを外してカラーピンをすれば、ドレススタイルにもしっかりハマります。

shirt : BROOKS BROTHERS
suit : STILE LATINO
tie : RALPH LAUREN
chief : ALBERT THURSTON
collar pin : BEAMS F　shoes : ENZO BONAFE

n° 028

スエードブルゾンやブラックデニムシャツのマットな質感に合わせ、シューズもスエードをチョイス。さらにビットで艶っぽく仕上げた、ラグジュアリーな大人アメリカンカジュアルスタイルです。

shirt : RALPH LAUREN
jacket : CINQUANTA
pants : LEVI'S®
shoes : GUCCI

n° 029

欧米のクラシックな要素をすべてミックスさせた、夏のドレススタイル

ビンテージサルトリアスタイルをモノトーンで表現。ボタンダウンシャツはボタンを外し、襟にニュアンスを付けるのが私のスタイルです。股上の深いパンツの場合のみ、タイはパンツにインします。

shirt : BROOKS BROTHERS
jacket : DE PETRILLO tie : ASCOT
chief : VINTAGE pants : RALPH LAUREN
suspenders : VINTAGE
shoes : CROCKETT & JONES
glasses : OLIVER PEOPLES

nº
030

Item 04
Knit Coordinate

ニット編

高価でも10年愛せる「上質素材」を「マイサイズ」で選ぶ

Philosophy

体に自然にフィットするもので、多少高価でも上質な素材で編まれたものであること。これが、私がニットを選ぶうえでの絶対条件です。なぜなら、粗悪な素材で作られたものは長持ちしないから。上質なニットは、汗さえ洗い流せば10年以上着ることができるのです。

素材に関しては、春夏であればコットンかリネン、秋冬はメ

マニッシュな雰囲気漂う
ミリタリーヘンリー

リノウールやカシミアのニットを選ぶようにしています。こうすることで、四季のある日本でも快適に過ごすことができます。
　また、ハイゲージのニットは、スーツやジャケット、コートを上に羽織ることを前提にしたサイジングで選んでいます。一方でミドルゲージやローゲージは、色やデザインも様々。シャギードック、チルデン、ショールカラー、ヘンリーネックなど多種多様に所有しています。だからこそ、サイズ感よりも、どんなテイストでコーディネートをまとめたいか、を考えて選ぶようにしています。

Base Items

right : US ARMY
middle : DRUMOHR
left : JOHN SMEDLEY

肩肘張らないエレガンスを
演出するニットポロ

ブラックのクルーネックは
汎用性が抜群

ラギッドとラグジュアリーの
ミックススタイル。
お金持ちの不良を
イメージしました。

シンプルなブラックのクルーネックニットを使ったラグジュアリープレッピースタイル。シルクの大判スカーフや足元のベルベットスリップオンできれいに仕上がりがちなところを、ジーンズで着崩しました。

knit : DRUMOHR
jacket : LECTEUR
scarf : HERMES
pants : LEVI’S®　shoes : CROCKETT & JONES
glasses : ALGHA WORKS

nº
031

90年代風のビッグシルエットを、上品なカジュアルスタイルで。ショート丈のデニムジャケットの上にコートを着てレイヤードした分、重くなりすぎないようにインナーはクルーネックニットでシンプルに。

knit : DRUMOHR
coat : RALPH LAUREN
jacket : LEVI'S®
pants : RALPH LAUREN
shoes : CONVERSE

nº 032

随所にブラックをあしらい、ビンテージカジュアルをモダンに昇華。メガネのセルフレームやシューズのビット金具など、素材感の異なる小物を用いることでメリハリを効かせるのがポイントです。

knit : US ARMY
shirt : WRANGLER
pants : US ARMY
shoes : GUCCI
glasses : GLASS FACTORY

nº 033

80～90年代ムードのラグジュアリーなスーツを着崩したスタイル。大柄のハウンドトゥースには、ブラックのハイゲージクルーネックニットのようにシンプルかつ上品なアイテムがよく合います。

knit : DRUMOHR
suit : DE PETRILLO
chief : BEAMS F
shoes : BAUDOIN & LANGE

nº 035

バレエシューズやリボンベルトの配色で、春夏らしくカラフルで明るいムードを添えました。オフホワイトで軽めの色味のジャケットに合わせて、ジーンズも色落ちの強いものをチョイス。

knit : JOHN SMEDLEY
jacket : STILE LATINO
chief : SIMONNOT GODARD
pants : LEVI'S® belt : ALTEA
shoes : CROWN

nº 034

ラグジュアリープレッピースタイル。上品な黒の取り入れ方がポイントです。多色使いのジャケットをメインにしつつ、黒を要所で差すことで統一感が生まれ、大人らしい着こなしに落ち着きます。

knit : DRUMOHR
jacket : FRAIZZOLI
pants : BRITISH ARMY
shoes : BAUDOIN & LANGE
sunglasses : VINTAGE

nº 036

サルトリアとリゾートというまったく異なるジャンルのミックススタイル。上品な印象を与えるスーツスタイルの場合は、ネッカチーフは結ばずに首に沿わせるようにしてさりげなく見せるのがコツです。

knit : JOHN SMEDLEY
suit : BEAMS F
neckerchief : VINTAGE
shoes : GUCCI

nº 037

ニットポロでリゾートを意識。チーフはニットの色味と完全には一致させず、グラデーションにすることでシンプルな装いのなかに変化を出しました。タッセルスリップオンで抜け感もプラス。

knit : JOHN SMEDLEY
jacket : STILE LATINO
chief : VINTAGE
pants : RALPH LAUREN
shoes : CROCKETT & JONES

nº 039

フレンチカジュアルを大人らしく。ストールやタッセルスリップオンで上品な雰囲気に。ベージュのチノではなくホワイトパンツで、フレンチ要素を引き立てました。ミリタリーニットをクリーンに昇華。

knit : US ARMY
jacket : VINTAGE
shirt : GITMAN BROTHERS
scarf : ETRO pants : LEVI'S®
belt : J.CREW shoes : ALDEN

nº 038

ビンテージカジュアルスタイル。
リアルムートンのベストが
大人っぽさを格上げしてくれます。

ミリタリーニットにリアルムートンのベストやカシミアのキャップを合わせた秋冬スタイル。ふんわりした素材感でコントラストを付け、キャップでワインカラーを差して地味にならないように。

knit : US ARMY
vest : CINQUANTA
pants : RRL
shoes : CONVERSE
cap : NO BRAND

nº
040

帽子と眼鏡はスタイルを作るためのスパイス

～なりたい自分を手早く演出する小道具～

帽子とアイウエアは私にとって欠かせないもの。洋服のテイストに合わせて選ぶとさらにコンセプトが明確になり、印象の強いコーディネートが完成します。またカジュアルな洋服にあえてハットなどをかぶれば上品に仕上がる。つまり、帽子とアイウエアは、着こなしのスパイスとして機能するのです。

　コーディネートを考えていると、妙に物足りなく思えてしっくりこないことってありますよね。そんなときに帽子やアイウエアを取り入れると、足りないピースが埋まった感じがしますし、お洒落度がアップします。

　まずハットはボルサリーノをよくかぶりますが、リボンが結ばれている左側面のブリムをスチームでクセ付けして傾けさせるのがマイスタイルです。これはボルサリーノの本国の方に教えてもらったテクニックで、素材を問わずすべてのハットをクセ付けしてかぶっています。

　眼鏡のこなしにもこだわりあり。ちょっとカジュアルに見せたいときは黒いセルを、クラシックに見せたいときはゴールドのフレームをよく選びます。

　最後にもうひとつ。洋服をレイヤードしてさらに帽子やアイウエアを加えたい場合は、同系色で合わせると統一感が生まれ、大人らしくまとまりますよ。

上質なフェルトハット。
着用前は左側面のブリムにスチームを。
BORSALINO

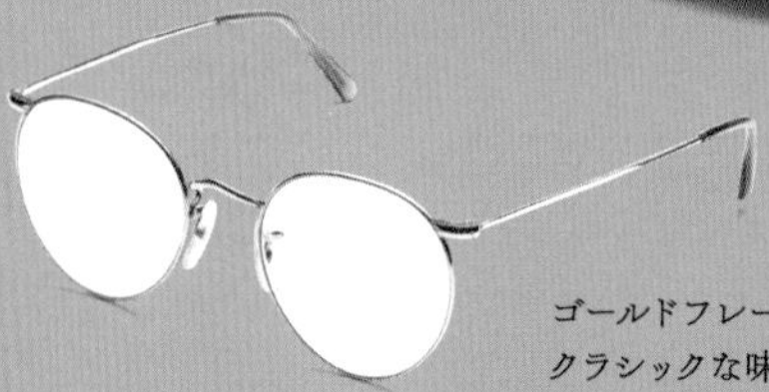

ゴールドフレームの眼鏡は
クラシックな味付けとして。
ALGHA WORKS

Hat Style

夏の強い日差しにも負けない
インパクトは、パナマハットと
メタルフレームのサングラスで。

BORSALINO
VINTAGE

スチームでクセ付けした
フェルトハット。
ミステリアスな雰囲気が出る。

BORSALINO

帽子と眼鏡をブラウンで統一。
洋服をレイヤードする際は
これくらい潔くまとめたい。

BORSALINO
MOSCOT

Knit Cap Style

ニットキャップは髪の生え際より
やや上の位置でかぶって
大人らしい爽やかさを演出。

BEAMS PLUS

ニットキャップと
ウェリントン型の眼鏡で
軽快かつ知的な雰囲気に。

QUATTROCCHI
OLIVER PEOPLES

Glasses Style

セル×メタルの
サーモント型は掛けるだけで
知的な雰囲気に。

TOM FORD EYEWEAR

ブラウンのセルフレームの
サングラスなら
絶妙な抜け感が醸し出せる。

AMERICAN OPTICAL

カジュアルスタイルにマッチする
セルフレームのサングラス。

AMERICAN OPTICAL

Item 05
Cut & Sewn Coordinate

Philosophy

カットソー編

素朴ながら着心地が良く「いつでも買い足せる定番」を

　カットソーは第二の皮膚のようなもの。ですので、体にきちんと合ったサイズのものであることはもちろんですが、着ていて自然でいられるもの、心地良いものを選ぶことも肝要です。

　それに、常に定番として売られていて買い替えしやすい、というのも大切なポイント。特に白いTシャツは、いつでも買い足すことができるように本当にベーシックなものを選んでいます。私の場合は、一年に一回新しいもの、まっさらなものに買い替えるようにしていますが、これは常に清潔な雰囲気をキープするためです。

　素材感に関しては、少し粗野で素朴な雰囲気のものが好み。サルトリアテイストのアイテムと掛け合わせたときに、あまりにもきれいにまとまりすぎたりキッチリしすぎたりするのは、好みではないですから。

汚れのない
真っ白のTシャツは
大人のスタンダード

Base Items

right : HANES
middle : VINTAGE
left : SAINT JAMES

アメカジテイストは
スエットパーカで取り入れる

フレンチのエスプリを
感じさせるボーダー

スカーフをベルトとして使ったフレンチアイビースタイル。ジャケット、ジーンズ、スカーフの色をブルーで揃えたのがポイントです。インナーのTシャツとバレエシューズは白で潔く。

t shirt : HANES
jacket : CANTARELLI
chief : VINTAGE
pants : LEVI'S®
shoes : CROWN　scarf : CELINE

n° 041

パーカの中に着たイエローのチェックシャツで、フレンチスタイルのなかにアメリカンな雰囲気を表現。土臭いアウターに合わせて足元にはダーティバックスを選び、世界観を揃えました。

sweat shirt : VINTAGE
jacket : A.P.C.
shirt : RALPH LAUREN
pants : LEVI'S®
shoes : BEAMS PLUS

n° 042

ビットローファーや胸元の刺繍などでさりげなく色気を散りばめたラグジュアリーサマーリゾートスタイル。パイピングジャケットは、ボーダーのカットソーと合わせると簡単に攻略できます。

cut & sewn : SAINT JAMES
jacket : RALPH LAUREN
pants : LEVI'S®
shoes : GUCCI

n° 043

サルトリアスタイルに、ボーダーカットソーやエスパドリーユなどでフレンチ感をミックスしたリゾートスタイル。シャンブレージャケットの夏らしい雰囲気には、ボーダーがよく似合います。

cut & sewn : SAINT JAMES
jacket : STILE LATINO
pants : RALPH LAUREN
belt : PAOLO ALBIZZATI
shoes : DON QUICHOSSE

n° 044

リラックスした
サマーリゾートスタイル。
ゆったりとしたシルエットは
やっぱり心も軽くなります

サマーリゾートスタイル。ホワイトとベージュの淡いトーンは夏の日差しによく合うカラーリングです。チーフでアフリカンな要素を加えつつ、涼やかなムードを醸し出すべくインナーには白Tを。

t shirt : HANES
jacket : THE GIGI　chief : NO BRAND
pants : RALPH LAUREN
shoes : DON QUICHOSSE
hat : BORSALINO　sunglasses : VINTAGE

nº
045

イタリアンプレッピーをイメージ。シックな色合いのチェックシャツは、タックインしつつボタンを外し、インナーの白Tをアクセントに。メッシュベルトとサングラスで軽快に仕上げました。

t shirt : HANES shirt : RALPH LAUREN
pants : RALPH LAUREN
belt : COACH
shoes : GUCCI
sunglasses : AMERICAN OPTICAL

no 046

スエットパーカに、ムートンベストとトレンチコートをレイヤード。似たような素材感は避け、絶妙なコントラストが付くよう重ねていくのがポイントです。丈や配色のバランスにも配慮を。

sweat shirt : VINTAGE
coat : RALPH LAUREN
vest : CINQUANTA
pants : GERMAN ARMY
shoes : GUCCI

no 047

サルトリアプレッピースタイル。仕立ての良いジャケットを軸に、パーカやマドラスチェックのタイ、チノ、コンバースのスニーカーなど、ふんだんにアメリカ要素を散りばめ、緩急を付けました。

sweat shirt : VINTAGE
jacket : STILE LATINO
shirt : RALPH LAUREN tie : GAP
chief : VINTAGE pants : RALPH LAUREN
shoes : CONVERSE

nº 049

白Tを活用したマリンスタイルに、リネンのサファリシャツを合わせたサマーリゾートスタイル。ネイビー&ホワイトの2トーンなので、寂しくならないように小物で柄を取り入れました。

t shirt : HANES
shirt : ORIAN
pants : RALPH LAUREN
belt : PAOLO ALBIZZATI
shoes : NO BRAND

nº 048

フレンチカジュアルを
ドレスアップさせたスタイリング。
ボーダーを可愛くなりすぎないように
着るのがマイルールです

サマーウールのパンツを合わせて、ボーダーを大人らしく仕上げたフレンチカジュアル。中に着たシャツはリネン製。チラリと見えるディテールの素材感にもこだわって選ぶようにしています。

cut & sewn : SAINT JAMES
jacket : CANTARELLI
shirt : GITMAN BROTHERS
pants : RALPH LAUREN
shoes : CROWN
glasses : GLASS FACTORY

nº
050

Philosophy

カジュアルジャケット編

「ベーシック」を時代感たっぷりに着用
アウターとしてもインナーとしても使う

カントリーテイストを
表現するうえで欠かせない
オイルドジャケット

カジュアルジャケットと聞くと、大半の人がアウターとしての用途を想像するかもしれません。しかし私は、これらのカジュアルジャケットをアウターとしてはもちろんレイヤードスタイルのインナーとしても使います。着こなしの幅を無限に広げてくれるアイテム、と考えているのです。

　カジュアルジャケットのレイヤードの可能性は日常的に模索

Base Items

right : BARBOUR
middle : LEVI'S®
left : CINQUANTA

ジージャンで
王道アメリカンな
味付けを

色気と男らしさとを
同居させた
ライダーズ

していますが、考えを巡らせるうえで、マイルールがひとつだけあります。それは〝コーディネートが複雑な分、ベーシックなものを選ぶ〟ということ。もちろん、大人らしさをキープする意味もありますが、一番大切な理由はほかにあります。

そもそも定番品は、着こなし次第で時代感が出せたり、逆に古臭く見えてしまったりもするもの。そんなある種の不安定さを内包したアイテムに改めて注目し、新鮮なコーディネートに出会えた瞬間こそ、至上の喜びを感じられるからです。

ハードに見えるテイストも
フードパーカで柔らかく。
色んな着方を楽しむ
そんなことを
いつも大切に思っています。

ダブルライダーズのハードな印象を抑えて大人らしく着こなすために、スエットパーカをイン。さらに、ニットキャップやセルフレームの眼鏡などを加えてナードな雰囲気に仕上げました。

jacket : CINQUANTA
sweat shirt : VINTAGE
pants : LEVI'S®
shoes : JOSEPH CHEANEY
cap : BEAMS PLUS
glasses : OLIVER PEOPLES

n°
051

ライダーズをテーラードジャケットに見立ててタイドアップ。白シャツにブラックのニットタイを合わせて極力ミニマルに。太めのウールパンツやベルジャンシューズなどでドレス要素を加えました。

jacket : CINQUANTA
shirt : BROOKS BROTHERS
tie : FIORIO pants : RALPH LAUREN
shoes : BAUDOIN & LANGE
glasses : OLIVER PEOPLES

nº 052

サルトリアスタイルをブリティッシュアメリカンの味付けで。ベージュのコットンスーツとバブアーのオイルドジャケットは好相性。裏地のチェックが見えた場合も考慮して組み上げました。

jacket : BARBOUR
suit : STILE LATINO
shirt : RALPH LAUREN
tie : BEAMS F
shoes : CROCKETT & JONES

nº 053

王道のフレンチカジュアルスタイル。リボンベルトやバレエシューズなど、小物でアクセントをプラスしました。ボーダーカットソーとベルトの色味をさりげなく合わせるのがポイントです。

jacket : LEVI'S®
cut & sewn : SAINT JAMES
pants : RALPH LAUREN
belt : PAOLO ALBIZZATI
shoes : CROWN

nº 055

ジャケットスタイルを、タートルネックニットやニットキャップ、ジーンズでドレスダウン。適度に色の落ちたジーンズを合わせることで、モダンかつスポーティなブリティッシュアメリカンスタイルが完成します。

jacket [out] : BARBOUR
jacket [in] : DE PETRILLO
knit : BEAMS F
pants : LEVI'S®
shoes : GRENSON cap : ERAL 55

nº 054

セオリー通り素直に着ること。
それはクラシックの基本。
ブリティッシュアメリカン要素を
ふんだんに取り込んでみるのも面白い。

正統なジャケパンにカントリーの王道バブアーを合わせた、ブリティッシュアメリカンスタイル。ジャケットとブルゾンの丈の長さは特に気にせず、バサっと羽織るくらいが男らしくて良い。

jacket [out] : BARBOUR
jacket [in] : BEAMS F
shirt : AVINO LABORATORIO NAPOLETANO
tie : HOLLIDAY & BROWN
pants : PT01 shoes : CROCKETT & JONES

nº
056

アメカジ要素が強めですが、ビットローファーでさりげなくラグジュアリーな要素を加えました。チルデンセーターにはシャツではなくあえてTシャツを合わせ、リラックス感あるモダンな装いに。

jacket : LEVI'S®
knit : RALPH LAUREN
t shirt : REMI RELIEF
pants : NEW ZEALAND ARMY
shoes : GUCCI

nº 057

"デニムスーチング"の上から、ボーディングブレザーをカバーオールのようにレイヤードしたラグジュアリー＆スポーティスタイル。上下デニムで揃えることで、縦長効果も期待できる着こなしです。

jacket [in] : LEVI'S®
jacket [out] : RALPH LAUREN
knit : DRUMOHR
pants : LEVI'S®
shoes : GUCCI

nº 058

ライダーズの上にロングコートという珍しいレイヤードスタイルですが、私自身はよくやる組み合わせ。スカーフやベルジャンシューズなど、ラグジュアリーな要素を散りばめて、あくまで上品に。

jacket : CINQUANTA
coat : EMPORIO ARMANI
knit : BEAMS F
scarf : HERMES pants : GTA
shoes : BAUDOIN & LANGE

n° 059

バブアーはチェックスーツとの相性も抜群。インナーにニットポロを使用したカジュアルなスーツスタイルに、ネッカチーフで色気を添えました。足元はスマートなサイドゴアブーツで都会的に。

jacket : BARBOUR
suit : LARDINI
knit : JOHN SMEDLEY
neckerchief : VINTAGE
shoes : CROCKETT & JONES

n° 060

鞄はこの10個さえあれば十分お洒落に

～愛用品とその中身を徹底紹介～

鞄はコロコロと変えないのが信条。長く付き合っていくことを前提に、素材や作りの良いもの、普遍的なデザインのものを厳選しています。普段からよく使っているのが、ここで挙げているものたちです。

　一般的にドレススタイルでは、ベルト、シューズ、鞄や時計ストラップのレザーの色を揃えるのがセオリー。だからブラック、ダークブラウン、ミディアムブラウンは必ず押さえておきたいところ。

私はエレガントなスタイルの邪魔をしない、シンプルでクラシックなものを選ぶようにしています。一方、カジュアルスタイルではある程度大振りなものが好み。鞄が大きいことでカジュアル感が強まり、こなれた雰囲気を醸し出せるのです。

　鞄の中身はレザー製の小物が中心。仕事道具であるメジャーやペン、名刺入れは常に携帯しています。フレグランスやハンドクリームも必需品です。

マイフェイバリットバッグ10選

名作キャンバストートはあえて裏返して使うのが西口式。

L.L.BEAN

波模様のトートバッグが都会的な着こなしにニュアンスを添える。

ZANELLATO

肉厚なレザーの風合いがカジュアルな装いにベストマッチ。

COACH

カジュアルシーンにも合うしなやかな雰囲気のミディアムブラウンブリーフ。

TRAMONTANO

徹底的にシンプルを追求したクラッチブリーフ。タイドアップの相棒として。

CROOTS

フラップ式のクラッチバッグ。重厚な留め金と革の質感がサルトリアスタイルに好相性。

FELISI

カジュアルはもちろん
ジャケパンスタイルのハズし
としても活躍する巾着型。
COACH

定番デザインのトートは
フレンチなスタイルや
プレッピールックに。
JOHN CHAPMAN

サファリスタイルには
レザー×ヘビーコットンの
ラギッドなトートを。
FILSON

これがとある日の鞄の中身。仕事をするうえで欠かせない
ペンやノートや名刺ケース、そして財布はもちろんですが
メジャーも常に携帯しています。職業病ですかね？（笑）
時間帯や天候に応じて付けたり外したりするために
アイウエアも常に持ち歩いています。
あと、職業柄、生地に触れることが多いので
手が日常的に乾燥しがち。だから、ハンドクリームは必需品です。
また、身だしなみを整えるグッズとして
リップバームやフレグランスを。名刺ケースに入れると
名刺に良い香りが付けられるアルメニアペーパーも。

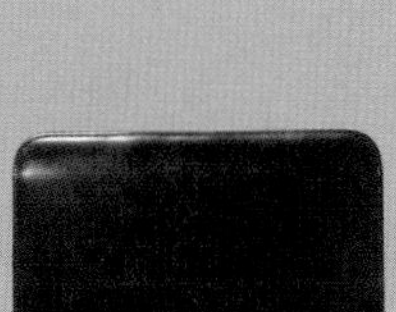

ゴールド金具が艶感を添える
ドキュメントケースは
モダンクラシックスタイルに。
HARRODS

Item 07
Coat Coordinate

Philosophy

コート編

男らしさ・エレガンスを体現する「長い着丈」と「ゆとりフォルム」が絶対

コート選びの条件は、着丈がたっぷりと長いこと。そして、ジャケットやスーツの上から着ても窮屈に感じにくい、ゆとりがあること。オーバーコート本来の意味合いを成すアイテムに惹かれます。それらは手入れさえ怠らなければ半永久的に着ることができるのも魅力です。

秋冬であれば、普遍的な素材である高密度のコットンギャバジンや強く織られた毛織物を。多少重量感があるくらいのほうが男らしく着られると思っています。

スプリングコートもレングスの長いものを着ていますが、素材は春夏シーズンに合わせて当然軽いものを多く揃えています。重厚なものがダンディに思える一方で、最近では風になびくような軽快さにも男の洋服のエレガンスを感じます。

普遍的な意匠が
ブレない男を印象付けるバルカラー

Base Items

right : GRENFELL
middle : RALPH LAUREN
left : RALPH LAUREN

オーバーコート然とした
重厚な佇まいの
毛織ダッフル

風をはらんで揺れる
軽やかさをまとった
モダントレンチ

ビッグシルエットのダッフルコートやクリーンなホワイトジーンズで、現代的に仕上げたフレンチアイビースタイル。インナーにボーダーやパイピングジャケットなどを仕込み、ひねりのある装いに。

coat : RALPH LAUREN
jacket : ALAIN
knit : SAINT JAMES
pants : LEVI'S®
shoes : ALDEN

nº 061

ブリティッシュアメリカン・ジェントルマンスタイル。いかにも古い映画に出てきそうなたっぷりとしたフォルムのコートに、太めのチノや上質なハットを合わせることで現代的にアップデートしました。

coat : GRENFELL
jacket : DE PETRILLO
shirt : CUSTOM TAILOR BEAMS
tie : RALPH LAUREN pants : US ARMY
shoes : GRENSON hat : BORSALINO

nº 062

“デニムスーチング”で表現したお坊ちゃんスタイル。スクールマフラーやダッフルコートといった王道のスクールアイテムを、上下デニムでラフに。足元はビットローファーで品良くまとめました。

coat : RALPH LAUREN
jacket : LEVI'S®
knit : BEAMS F
muffler : VINTAGE
pants : LEVI'S® shoes : GUCCI

nº 063

ブリティッシュアメリカンのドレススタイル。赤系のVゾーンを差し込むことによって、定番のトレンチコートが一気に華やぎます。シューズも赤みのあるスエードで、配色のバランスを整えました。

coat : RALPH LAUREN
suit : LARDINI shirt : GITMAN BROTHERS
tie : RALPH LAUREN
collar pin : VINTAGE
shoes : JOSEPH CHEANEY

nº 064

通常はレイヤードしないものを
あえてレイヤードしてみる。
そのミックス感の化学変化を
いつも楽しみたい。

ライダーズのハードさを中和させるべく、ダッフルコートを重ねたラグジュアリーカジュアルスタイル。ふたつのアイテムのインパクトが強いので、その他はシンプルに。足元は軽さを出すためスニーカーを。

coat : RALPH LAUREN
jacket : CINQUANTA
t shirt : REMI RELIEF
pants : PT01
shoes : CONVERSE
glasses : OLIVER PEOPLES

nº
065

タートルネックニットにサイドゴアブーツ、小物も極力入れず徹底してシンプルにまとめたサルトリアスタイル。全体をミニマルにまとめることで、洋服のディテールの美しさがより引き立ちます。

coat : GRENFELL
suit : STILE LATINO
knit : DRUMOHR
shoes : ENZO BONAFE

nº 066

ビンテージプレッピースタイルの王道。ネイビーのグラデーションにしたブレザーやチノによってプレッピー感を表現。ビッグシルエットのダッフルでコンテンポラリーなムードをプラスしました。

coat : RALPH LAUREN
jacket : STILE LATINO
shirt : GITMAN BROTHERS
tie : FRANCO BASSI pants : RALPH LAUREN
shoes : CROCKETT & JONES

nº 067

全体をシックな配色でまとめつつ、カラーピンやタイのカラーリングによって絶妙な色気をプラス。シューズはビスポークからインスパイアされたバタフライローファーで、さりげなく個性を演出。

coat : GRENFELL　jacket : LECTEUR
shirt : BROOKS BROTHERS
tie : STILE LATINO　collar pin : VINTAGE
pants : IGARASHI TROUSERS
shoes : CROCKETT & JONES

n° 068

冬の装いを明るいトーンでまとめると、スタイリングに厚みが生まれます。トレンチコートでマニッシュな要素を取り入れつつ、全体をベージュからホワイトのグラデーションにすることで上品に。

coat : RALPH LAUREN
knit : RALPH LAUREN
t shirt : REMI RELIEF
pants : RALPH LAUREN
shoes : CONVERSE

n° 069

オーバーコート本来の
ロングレングスを着こなすことは
大人の醍醐味。
サッと羽織って街に出かけよう。

イタリア人の定番の色合わせである“アズーロ・エ・マローネ（青と茶）”は、こんなブリティッシュアメリカンスタイルにも相性抜群。トレンチコートをラフに羽織ったのがポイントです。

coat : RALPH LAUREN
jcket : STILE LATINO
shirt : CUSTOM TAILOR BEAMS
tie : AD56 pants : LEVI'S®
shoes : ENZO BONAFE glasses : TOM FORD EYEWEAR

nº
070

ジーンズはリーバイス®の501®が鉄板

～濃淡を取り揃えれば着こなしの可能性がさらに広がる～

リーバイス®の501®との出会いは、小学校6年生のとき。当時はスリムフィットが全盛でしたが、同じ塾に通っていた同級生のひとりがやけに野暮ったいジーンズを穿いていて。その501®の何とも言えない素朴さに惹かれ、悔しさ半分に「そのダサいジーパン、何？」と尋ねたのがきっかけです。その後、アメリカ村（大阪）の古着店で働く彼の兄に譲ってもらい、501®を初めて穿いたときの感動は、いまも鮮明に覚えています。

501®は、洋服としてはとても中庸。良い意味で洗練されすぎていないからこそ、着る人次第でどうにでも料理できるのが魅力です。私は色の濃淡やサイズの異なるブルージーンズだけで20本以上所有していますが、そのほとんどが501®。ドレスアイテムと多様な表情の501®を組み合わせたコーデ

一番のお気に入りは501®の“66前期”型。趣ある表情が魅力。

ひとつとして同じ色落ちがないのがビンテージならでは。

ィネートは、私のスタイルのベースのひとつになっています。

　スタイリングをするうえでは、ハードな印象に見せたい場合はタテ落ちの激しい〝66前期〟までのモデルを穿き、逆にさっぱりしたドレススタイルに合わせる際は適度な色落ちの〝66後期〟以降のものを選ぶようにしています。

　また、ジャケットがゆるいシルエットのときにはインチアップ。タイトなときはジャストサイズを、といった具合に、テイストや合わせるアイテムによって色落ちやシルエットを変えることで、よりスタイリングの完成度が上がるのも501®ならでは。ビンテージジーンズの多くはすでに丈上げがされているため、靴とのバランスでレングスとウエストが合うものをチョイスしているのもこだわりです。

ジーンズとシューズの黄金バランス
私ならこうこなす

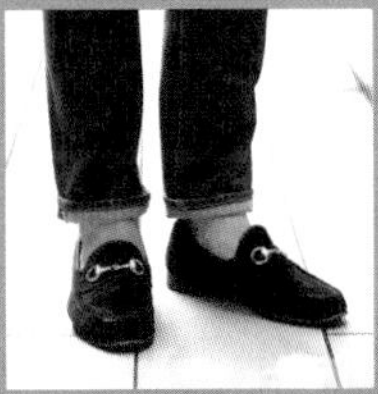

インディゴカラーには
重たい印象の靴が
オススメ。
マットな
ブラックスエードで
シックにまとめる。

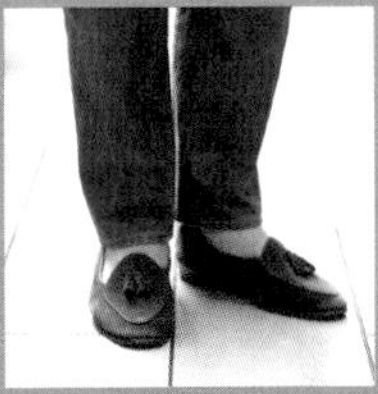

ミディアムブルーには
茶靴を。イタリアでは
“アズーロ・エ・
マローネ(青と茶)”
という定番の
色合わせだ。

色の薄いジーンズには
カジュアルな靴を。
特に白いシューズは
コントラストが
弱まる分
よく馴染む。

ジーンズ編

Philosophy

古着の501®こそ私の「永遠のクラシック」色とサイズで穿き分ける

私にとって古着は、クラシックな洋服のひとつという位置付け。最高の素材を職人が伝統の技法で仕立てる服も、素朴な素材を機械が伝統的な技術で作る服も、同等の価値があると考えているからです。どちらにも伝統が存在し、クラシックな魂が宿っています。
　そんな古着のなかで、私が日頃から特に愛用しているのがリ

最もデニム然とした
色落ちしたブルー

ーバイス®の501®です。リジッドからワンウォッシュ、適度に色落ちしたものから、水色のように白っぽく色落ちしたもの、そして白&黒まで、実に20本以上も揃えています。また、サイズも豊富に用意。ジャストか1~2インチアップしたものを基本に、かなりオーバーサイズの36インチや40インチのものまで穿き分けています。中庸なシルエットだからこそ、サイズ感を変えるだけであらゆるスタイリングに合わせられるからです。

　501®とは私にとって、いままでもこれからも生き続ける「永遠のクラシックアイテム」のひとつだと思っています。

Base Items

right : LEVI'S® (31inch)
middle : LEVI'S® (31inch)
left : LEVI'S® (29inch)

コンテンポラリーな装いに
欠かせないブラック

トップスの色を
引き立ててくれるホワイト

クラシックにおいて
最も大切な色がブルー。
夏のブルーは
爽やかに見えることが大切

太陽光を浴びると玉虫色に輝くソラーロ生地のジャケットには、夏らしいアイテム合わせがマスト。オープンカラーシャツやアイスウォッシュジーンズ、サングラスなどでムードを盛り上げます。

pants : LEVI'S®
jacket : STILE LATINO
shirt : US AIRFORCE
shoes : GUCCI
sunglasses : VINTAGE

nº
071

スーツの組上をジャケット代わりに活用。古着のブラックジーンズを合わせ、モノトーンでまとめました。スーツという概念にとらわれず、バラして着ることでワードローブの幅が広がります。

pants : LEVI'S®
jacket : DE PETRILLO
knit : JOHN SMEDLEY
chief : DRAKE'S belt : J.CREW
shoes : JOSEPH CHEANEY

nº 072

ジーンズ×ブーツでウエスタン要素を強めたプレッピースタイル。インナーにTシャツを仕込み、アメリカン要素を強調しつつ、ゆったりとしたコートでラグジュアリーな味付けを施しました。

pants : LEVI'S®
coat : LA FAVOLA
jacket : DE PETRILLO
shirt : VINTAGE t shirt : HANES
belt : COACH shoes : TONY LAMA

nº 073

プレッピースタイルをリバティプリントシャツで着崩しました。プリントの軽快さや遊び心とリンクさせて、足元にはコンバースのスニーカーを。ベルトもシューズの色にリンクさせました。

pants : LEVI'S®
jacket : CANTARELLI
shirt : GITMAN BROTHERS
belt : NO BRAND
shoes : CONVERSE

n° 074

少しキザなラグジュアリーカジュアル。コントラストの弱いシャツのプリントを引き立たせるために、他のアイテムは極力シンプルに。サングラスやハットなどの小物は品の良いものを選びます。

pants : LEVI'S®
shirt : MCGREGOR
shoes : BAUDOIN & LANGE
hat : BORSALINO
sunglasses : VINTAGE

n° 075

フェード感のあるブラックジーンズで嫌味なく仕上げた、モノトーンのサルトリアリゾートスタイル。足元には遊びを効かせるべく特徴的なエスパドリーユを。もちろんエスパもモノトーンです。

pants : LEVI'S®
jacket : STILE LATINO
shirt : RALPH LAUREN
chief : MASSIMO ALBA
shoes : LA MANUAL ALPARGATERA

nº 077

ホワイトとブラックに徹した夏のモノトーンスタイル。リネンのシャツやメッシュ素材のベルトでとことん軽やかさを演出しました。キルト付きのビットローファーで足元にアクセントをプラス。

pants : LEVI'S®
jacket : DE PETRILLO
shirt : RALPH LAUREN
tie : FIORIO chief : BREUER
belt : WHITEHOUSE COX shoes : GUCCI

nº 076

ボーダーカットソー×ジーンズで王道のフレンチカジュアルに。ハットやリボンベルト、バレエシューズといった小物で品を添えました。カジュアルスタイルにこそ上質なハットをかぶって大人らしく。

pants : LEVI'S®
cut & sewn : SAINT JAMES
belt : PAOLO ALBIZZATI
shoes : CROWN
hat : BORSALINO

nº 079

貴族が遊びに出かける際の着こなしをイメージしたスポーティ&ラグジュアリースタイル。元来、ベルベットスリッパは貴族の室内履きゆえ、ジーンズを使った装いも一気にエレガントな雰囲気に。

pants : LEVI'S®
jacket : FRAIZZOLI
t shirt : ITALIAN ARMY
shoes : CROCKETT & JONES
glasses : GLASS FACTORY

nº 078

夏の白はもちろんのこと
冬の白はもっと面白い。

Ｐコート×ホワイトパンツは冬のマリンスタイルの王道。丈が長いロングＰコートにしたり、ハットをかぶったりすることで一気に現代的に。スクールマフラーはアクセントとして役立ちます。

pants : LEVI'S®
coat : SEALUP knit : ZANONE
muffler : VINTAGE
shoes : JOSEPH CHEANEY
hat : BORSALINO

n°
080

上質な靴を厳選し適切に履きこなす

～パンツとの相性を考えると途端に見違える～

CROCKETT & JONES

GUCCI

クラシックなドレスシューズ、軽やかなスリップオン。
そしてカジュアルなスニーカーや重厚なブーツまで
季節やスタイルを意識してコレクション。

靴は妥協せず、極力上質なものを履いていただきたい。なぜなら、靴でコーディネートが完璧になることもあれば、台無しになることもありますから。

そして、洋服と同様に靴にも季節感やドレスとカジュアルのジャンル分けがあることを、改めて認識することが重要。例えば形で言うと、夏はスリップオ

Navy × Stripe

エスパドリーユが持つ
リラックス感を強調するため
パンツは太いものを。
靴に柄物を用いる場合は
パンツに柄物は避ける。

Kahki × Brown

フランネルの素材感と
スエードはよく合う。
カーキとブラウン
といった具合に
相性の良い色を選ぶ。

Beige × Brown

アメリカンな雰囲気の
茶のスリップオンには
チノがオススメ。
ロールアップして
軽快感を演出。

BAUDOIN & LANGE

NO BRAND

JOSEPH CHEANEY

KEDS

ンが多く、冬にはブーツが多め。カジュアルの場合、夏はエスパドリーユやホワイトキャンバスのスニーカー。冬はクレープソールのスエードブーツといった具合に。

ただ、そのセオリーだけではつまらないので、たまにハズしてみるのも良い。あくまで、先述のような季節感やテイストをすべて理解したうえで……というのが条件ですが、あえて季節感をずらしたり、カジュアルな服にきれいめな靴を合わせたり。それが良い塩梅にハマると、お洒落が一層楽しくなります。

また、パンツの種類、色、テイスト、裾幅や丈によっても靴選びは異なります。ご自身にとってのベストバランスをぜひ探ってみていただけたらと思います。

Gray × Black

スマートでミニマルな
ブラックのサイドゴアは
細身のグレースラックスで
シャープに。サイドゴアは
ワイドパンツにも相性抜群。

Kahki × Black

ワイドな軍パンには
ブラックスエードの華奢靴を。
上品な一足を選ぶことで
カジュアルスタイルを
格上げできる。

White × White

ホワイトスニーカーの
カジュアル感を増長するべく
太めのパンツを。
同系色でも微妙に
変化を付けるのが西口式。

Philosophy

カジュアルパンツ編

ローファーやブレザーを合わせたり クリースを入れたりと 「ドレス感」を添えるのが信条

私が所有するカジュアルパンツは、ビンテージが大半を占めています。一見ただの古着の軍パンやチノパンですが、私にとってはジーンズと同じく、とてもクラシックで普遍的なアイテム。だから仕立ての良いジャケットに合わせるだけで、簡単にカジュアルかつクラシックな雰囲気を表現できるのです。

　この手のパンツは全体をカジュアルに寄せすぎないのが私流の穿き方。Tシャツに軍パンでも足元にはビットローファーを合わせたり、チノパンにスニーカーでもブレザーを羽織ったりするのがマイルールです。

　また、堅く穿きたいときにはクリースを入れるなど、どこかにドレス感を取り入れるのも信条。これにより、大人のゆとりと上品さを演出できます。

タックインが
サマになる
グルカパンツ

Base Items

right : NEW ZEALAND ARMY
middle : US ARMY
left : US ARMY

野趣あふれる
カーゴパンツは
男の永世定番

クリースの有無で
緩急自在な
ワイドチノ

ブルーグリーンのデニム素材という絶妙な色味のジャケットが引き立つように、シャツとパンツをベージュでまとめました。一段暗いブラウンのシューズやベルトで全体を引き締めたのもポイントです。

pants : US ARMY
jacket : STILE LATINO
shirt : RALPH LAUREN
t shirt : HANES belt : ANDERSON'S
shoes : GUCCI sunglasses : AMERICAN OPTICAL

nº 081

ストライプカーディガンのプレッピーな雰囲気を、ミリタリーパンツで男らしくこなしたスタイル。カーディガンのボタンは自分でゴールドのものに替え、ローファーのビットと色をリンクさせています。

pants : US ARMY
knit [out] : RALPH LAUREN
jacket : ALAIN
knit [in] : CRUCIANI
shoes : GUCCI

nº 082

オフィサーコートをクリーンなカジュアルスタイルに。ミリタリーを出自とするアイテムでまとめつつ、スニーカーやニットキャップでカジュアル要素をプラス。オリーブ〜ベージュ系でまとめました。

pants : US ARMY
coat : ITALIAN ARMY
knit : SAINT JAMES
shoes : CONVERSE
cap : NO BRAND

nº 083

ダブルポケットのミリタリーシャツをグルカパンツにタックインした軍モノ尽くしに。ただし、足元にはエスパドリーユをチョイス。リラックス感が出るうえ、スエード素材で上品な印象にまとまります。

pants : NEW ZEALAND ARMY
shirt : RALPH LAUREN
t shirt : HANES
shoes : DON QUICHOSSE
sunglasses : VINTAGE

nº 084

クラシックなビンテージサファリルック、
昔の映画に出てきそうな
スタイリングをイメージして
着てみるのも面白い

スエードのサファリジャケットをジレ＆タイでドレスアップ。古い映画に見られるようなレトロなアイテムながら、ひとつひとつのフィッティングやシルエット、丈感にこだわって現代的に仕上げた。

pants : US ARMY jacket : QUATTROCCHI
shirt : GITMAN BROTHERS
vest : RALPH LAUREN
tie : RALPH LAUREN collar pin : VINTAGE
shoes : GRENSON glasses : ALGHA WORKS

nº
085

リラックスしたブレザースタイル
ラギッドなグルカパンツも
ブレザーを着るだけで
ドレスアップできる.

シンプルなジャケットスタイルも、パンツが変わるだけでひと味違って見えてくる。グルカパンツの特徴であるウエスト周りのディテールを強調するべく、ニットはタックインしています。

pants : NEW ZEALAND ARMY
jacket : CANTARELLI
knit : BEAMS F
shoes : BAUDOIN & LANGE
sunglasses : VINTAGE

nº
086

男らしいアイテム同士の組み合わせに、シルクスカーフやベルジャンシューズで色気をプラスしました。ライダーズジャケットもミリタリーパンツも印象が強いので、スカーフも色の強いものを選択。

pants : US ARMY
jacket : CINQUANTA
knit : DRUMOHR scarf : ETRO
shoes : BAUDOIN & LANGE
sunglasses : VINTAGE

n° 087

定番アイテムのデニムシャツやミリタリーパンツを、タックインやインナーの白Tなどで現代的に見せました。コーディネートがシンプルなときほど、こういった細かいこなしが重要なのです。

pants : US ARMY
shirt : BIG MAC
t shirt : REMI RELIEF
shoes : GUCCI
sunglasses : VINTAGE

n° 088

夏のカジュアルスタイルをアースカラーで表現。リボンベルトで素材感のアクセントを加えています。スニーカーも真っ白ではなくオフホワイトを選んで、きれいになりすぎないように心がけました。

pants : US ARMY
jacket : THE GIGI
t shirt : GOODWEAR
belt : PAOLO ALBIZATTI
shoes : US ARMY

nº 089

スエードジージャンにショールカラーニットを合わせた、襟元の表情が面白いレイヤード。インナーに白Tを差し、真面目になりすぎないようにしました。グルカパンツにローファーを合わせて上品に。

pants : NEW ZEALAND ARMY
jacket : EMMETI
knit : DRUMOHR
t shirt : REMI RELIEF
shoes : GUCCI

nº 090

Item 10
Trousers Coordinate

Philosophy

トラウザーズ編

「腰周りのフィット感」こそ肝要
サスペンダーは
ただの飾りに非ず

トラウザーズ選びでは、カジュアルパンツとは異なり、必ず腰周りがぴったりとフィットしたものを選ぶことが重要。また、ヒップラインから裾まで、美しく流れるように自分の体型に合うものを選びます。きっちりとプレスを当てて折り目正しく美しく穿くことが、ドレスパンツの醍醐味です。

私が特に好んで穿くのは、サイドアジャスターなどのビスポークデザインのもの。元来は機能を目的としたベルトを使用しないことで、ドレッシーな印象をより強調させることができるからです。

それゆえ、サスペンダーも私にとって欠かせないアイテム。サスペンダーで吊られたトラウザーズは、尻上が引き上がることでシルエットが一層際立ち、美しさは究極にまで昇華されます。

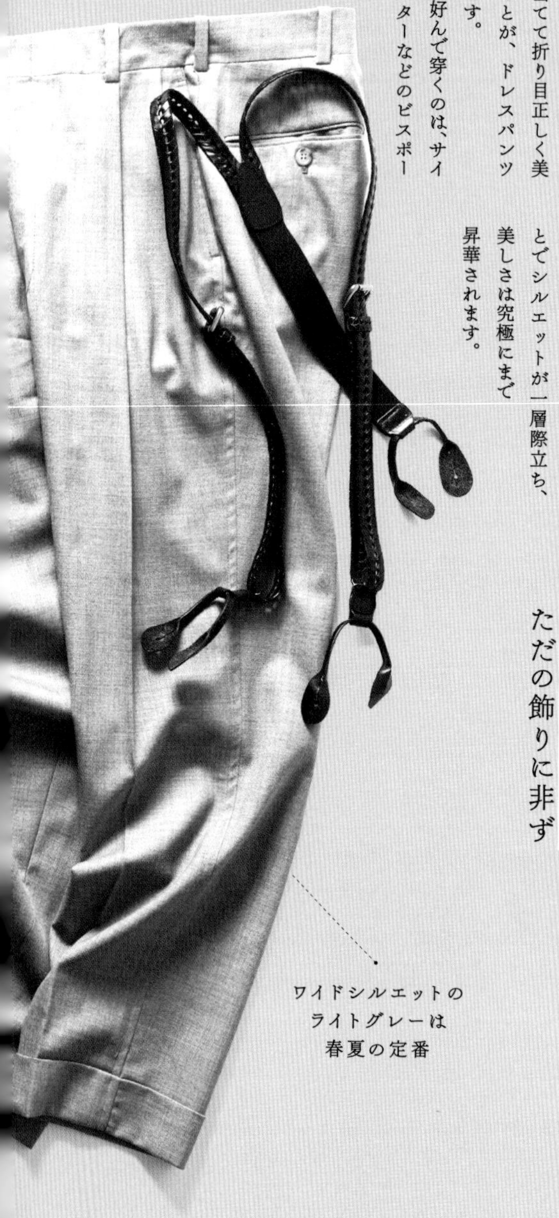

ワイドシルエットの
ライトグレーは
春夏の定番

Base Items

right : RALPH LAUREN
middle : PT01
left : BERNARD ZINS

腰周りにクラシック感漂う
フランネルのチャコール

コットンリネン製で
清涼感漂うネイビー

クラシックなリゾートスタイルに
欠かせないホワイトとブルーは
色使いも極限まで
抑えることで完成します。

リゾートを意識したサルトリアスタイル。ジャケットはシャンブレー、シャツはリネン、パンツはウールリネンというように、素材感で夏らしさを表現しました。足元もエスパドリーユで抜け感を。

pants : BERNARD ZINS
jacket : STILE LATINO
shirt : RALPH LAUREN
chief : DRAKE'S shoes : NO BRAND
hat : BORSALINO

nº
091

ウールリネンのトラウザーズで上品な印象に仕上げたフレンチアイビーのカジュアルスタイル。インパクトのあるクレイジーパターンシャツは、こうして潔くシンプルに着こなすのが正解です。

pants : BERNARD ZINS
shirt : RALPH LAUREN
belt : PAOLO ALBIZZATI
shoes : CROWN

nº 092

ドレッシー＆スポーティな夏のスタイル。パイピングジャケットをウールパンツ×タイドアップでエレガントにまとめました。ブラックのニットタイ＆スリップオンで全体を引き締めましょう。

pants : RALPH LAUREN
jacket : RALPH LAUREN
shirt : RALPH LAUREN tie : ASCOT
collar pin : VINTAGE suspenders : VINTAGE
shoes : BAUDOIN & LANGE

nº 093

シャツではなくクルーネックのニットでリラックスした雰囲気を演出したサルトリアスタイル。華やかなスカーフやチーフなどの小物使いで、ラグジュアリーなムードをプラスしました。

pants : PT01
jacket : LECTEUR knit : DRUMOHR
scarf : HERMES chief : HERMES
shoes : BAUDOIN & LANGE
glasses : ALGHA WORKS

nº 095

夏のアイテムにも相性抜群なスエードジャケットを軸に、ハットやスラックスで上品にまとめたラグジュアリーリゾートスタイル。白Tを差し、凝りすぎずクリーンに着るのがポイントです。

pants : RALPH LAUREN
jacket : EMMETI
t shirt : REMI RELIEF
shoes : GUCCI
sunglasses : VINTAGE hat : BORSALINO

nº 094

サファリシャツ＆クレイジーパターンシャツという遊びを効かせたトップスの組み合わせなので、下半身は極力シンプルにまとめました。太めのパンツにはナローなシューズも相性抜群です。

pants : RALPH LAUREN
shirt (out) : ORIAN
shirt (in) : RALPH LAUREN
shoes : CROWN

nº 097

仏ブランドのボーダーカットソー×ネイビースラックスでフレンチカジュアルに。シングルトレンチをスプリングコートとして羽織り、インナーとリボンベルトで爽やかな柄を効かせました。

pants : BERNARD ZINS
coat : RALPH LAUREN
cut & sewn : LETROYES
belt : BROOKS BROTHERS
shoes : KEDS

nº 096

ミリタリーのコートを、ウールのトラウザーズとタッセルスリップオンで大人らしく仕上げたビンテージカジュアル。浅いネイビーのコートは、他をモノトーンでこなせば難しくありません。

pants : PT01
coat : US COAST GUARD
knit : ROYAL NAVY
muffler : VINTAGE shoes : ALDEN
cap : BEAMS PLUS

nº 099

ブリティッシュアメリカンにフレンチ要素を加えたサマードレススタイル。2017年の「ピッティ・ウオモ」で着用したブレザースタイルですが、これはいつの時代も色褪せないコーディネートだと思っています。

pants : RALPH LAUREN jacket : CANTARELLI
shirt : GITMAN BROTHERS
tie : CHARLES HILL
chief : HERMES shoes : JOHN LOBB
hat : BORSALINO

nº 098

ラギッドなスタイリングでも
ドレストラウザースを
穿いてみることで
不思議と上品に
見えてくるものです.

デニムジャケット×グレースラックスのモノトーンコーデに、カーキを組み合わせてモダンな雰囲気を演出。パンツの上質なウール素材と襟元のファーで、大人らしい風格を出しました。

pants : PT01
coat : ASPESI
jacket : LEVI'S®
t shirt : REMI RELIEF
shoes : CONVERSE sunglasses : PERSOL

nº
100

手元の演出はコーディネートの総仕上げ

～アクセサリーと時計で華やかに盛り付ける～

クラシックでベーシックな洋服を着ることが多い私にとって、アクセサリーは個性を表現するうえで欠かせません。だからこそ、基本的にどんなスタイルでも同じアクセサリーを身に付けています。デザインが華奢なものばかりだと女性っぽく見えてしまうので、ネイティブ系のものを付けることが多いですね。

アクセサリーは
常に同じ組み合わせで
複数を重ね付け。
時計は装いに応じて
使い分ける。

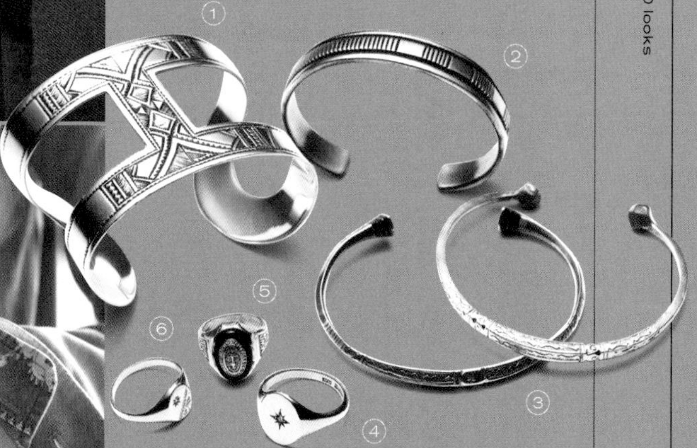

ネイティブ系のモチーフやアンティークなど、
意匠のあるものでテイストを統一。
その分、ゴールドやシルバーなどの
地金の色はあえて気にせずミックスする。

1：HERMES 2：BRUCE MORGAN
3：ADWAT'N TUAREG 4：ANTIQUE
5：ANTIQUE 6：ANTIQUE

ドレスクロージングにおいては地金の色を揃えるのがセオリーとされていますが、私はあえてゴールドとシルバーをミックスしています。デザインのテイストさえ統一すれば、ゴールドとシルバーを組み合わせてもゴチャゴチャとした印象にはならず、大人らしくまとまります。ぜひ、ルールにとらわれずにトライしてみていただきたいです。

時計もビンテージやアンティークが中心。小振りでエレガントなものが好みです。ストラップは気分によって付け替えるようにしています。特にナイロンストラップはバリエーションが豊富なので、洋服の色とのマッチングを楽しめるのが良いですね。

スカーフをするなど色気のあるスタイルの場合は黒文字盤を、クラシックなタイドアップスタイルの場合は白文字盤を選びます。年齢のせいか、最近ではゴールドケースのものを身に付ける機会が圧倒的に増えました。

上品なスモールセコンドも
スポーティなクロノグラフも
基本は、小振りのゴールドケース。
艶感の塩梅は文字盤の色味で調整。

1：OMEGA　2：BULOVA
3：HERMES　4：LIP

西口式こなれテク10

～細部にこだわり抜けば装いにより深みが出る～

Technique ------ V-zone

01／ネクタイの大剣をずらす

ダブルのジャケットにタイドアップをする場合、左右のタイの大剣をあえて身頃の間に入れます。ちょっとした〝隙〟が生まれスーツスタイルに絶妙な抜け感をプラスできるのです。

Technique ------ V-zone

02／襟元のボタンを外し襟先を跳ねさせる

ドレスの世界では昔から存在するテクニックですが、私もボタンダウンシャツをタイドアップをする際は襟ボタンを外し襟先を少し跳ねさせます。

Technique ------ Neck

03／ニットの首元は白Tをチラ見せ

ほんの少し着崩したいときはニットの首元から白Tをのぞかせる。10㎜だと出しすぎで、5㎜程度がベスト。計算していないように見えるのが理想です。

Technique 04 / V-zone

スカーフは結ばず垂らす

大判スカーフは結ぶとフェミニンになるので
あえて垂らしてニュアンスを楽しみます。
ラペルの内側に沿わせるように垂らすと
面積が大きくならず、さりげなく見えます。

Technique 05 / Waist

パンツはハイライズで

股上の浅いパンツが
徐々に減り、
近年は股上の
深いパンツが復権。
ハイウエストだと
タックインがしやすく
脚長効果も期待できます。

Technique 06 / Waist

タックイン&ブラウジング

シャツはもちろん
カットソーやニットまで
タックインすることが多い。
トップスの腰周りに
絶妙な溜まりを作ることで
リラックス感を
演出するテクニックです。

Technique 07 ―――― Button

07 / ダブルは ラフに着流す

ダブルのジャケットを
カジュアルに着る場合、
必ずフロントは
留めずに着流します。
ラペルが裏返っているように
クセ付けすると
さらにこなれて見えます。

Technique 08 ―――― Belt

08 / トレンチのベルトをずらす

トレンチのベルトは背中やフロント中央で結ぶのは避け、
フロントの左右どちらかにずらしてギュッとラフに結びます。
身頃もあえて折り返せば洒脱な雰囲気に。

step. 01

結び目は中央より
左右どちらかにずらす。

step. 02

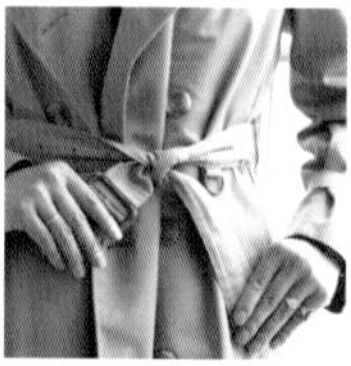

位置が定まったら
ギュッと片結び。

step. 03

見頃を折り返して
ベルトで固定。

step. 04

ラフさを残しながら
軽く整えて完成。

Technique ------ Button

09 / 金ボタンに付け替え

男性のジャケットにおいて
金ボタンは定番と考えます。
アンティークボタンを
ボタン専門店に探しに行っては
良いと思ったものを
ストックしておき
付け替えて楽しんでいます。

step. 01

二の腕の位置まで
カフがくるようにまくる。

step. 02

下の部分をさらに
2回程度細く捲る。

step. 03

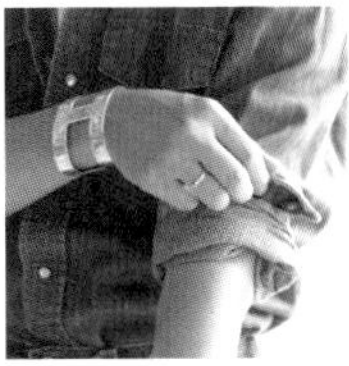

カフにニュアンスを
付ければ完成。

Technique ------ Cuff

10 / 袖まくりはカフに動きを

シャツの袖は肘までまくります。まくりきった際に
ロール部分より上にカフが出るようにしておくと
折り曲げるなどしてニュアンスを出せます。

(53) 使っているシャンプーは
結構高いアミノ酸系のシャンプー。
髪の毛にコシが出ます。

(54) 使っている整髪料は
ルベル トリエ エマルジョン10と、
同社のスプレー。

(55) 使っている洗顔料は
メンソレータム アクネス。
長いこと使ってます。

(56) 使っているボディソープは
特に気にしていません。

(57) 肌のお手入れに使っているものは
WOWクリーム。
スイスの無添加のものです。

(58) 夜寝る前に必ずすることは
歯を磨く。ビタミン系の
サプリメントを飲む。

(59) 理想的な就寝時間は
24時。できるだけ早寝したいですが、
現状25～26時に寝ています。

(60) 理想的な起床時間は
7時。ゆっくり朝ごはんを
食べたいですね。

(61) 自分の寝起きを5段階評価すると
4。寝不足なのに
寝起きは良いほうだから。

(62) 朝起きて最初にする事は
常温の水を飲みます。

(63) 朝観るテレビ番組は
朝、テレビは観ません。

(64) 理想の朝ごはんは
トースト、サラダ、卵、コーヒー。

(65) パンに付けるのは
バター。イタリアのペッピーノ・
オッチェリがおいしいです。

(66) ごはんのお供は
明太子。
ベタですが、やまやの明太子です。

(67) 一番好きなお菓子は
スーパービッグチョコ。
昔からよく食べています。

(68) 得意料理は
トマトクリームパスタ。
ゆで時間は規定時間より
マイナス2分で、アルデンテです。

(69) テンションの上がるごちそうは
鉄板焼きです。
東京・広尾の「高見」は最高です。

(70) テンションの下がる食べ物は
パクチー。香りが苦手です。

(71) 最近発見したおいしい食べ物は
お好み焼きに赤ワイン(カベルネ)が
合うと発見しました。

(72) 一度食べてみたいのは
食べ物ではないですが……
2015年のオルネッライアのマッセート
という赤ワインです。

(73) 一度行ってみたいところは
南フランスのサントロペ、
南イタリアのプローチダ島。

(74) リゾート地以外では
スペインの世界遺産や、
モロッコのスークを巡りたい。

(75) 一度やってみたいことは
船で世界一周。
できれば豪華客船が良いですね。

(76) 将来乗りたいクルマは
アルファ ロメオの
1960y Giulietta Spiderです。

(77) いま一番会いたい芸能人は
ショーン・コネリー、
ダニエル・クレイグ。

(78) 一番好きな女優は
イングリッド・バーグマン。
映画「カサブランカ」で
一目惚れしました。

(79) この人、良いなぁと思う瞬間は
目を見て話す人は良いですね。

(80) 気が合う血液型は
男性はA型、女性はB型。

(81) 友達になるとこんな特権あります!
タダで洋服を見繕ってあげます。

(82) 自分にあだ名を付けるなら
新宿店の名物スタッフ、
伊藤さんからしか呼ばれない"西ちゃん"。

(83) ルームシェアをするなら何人
3人。良い意味で気が散るので。

(84) 理想の女性像は
喜怒哀楽が激しく、まっすぐな人。

(85) 恋人になるとこんな特権あります!
とことん尽くします。

(86) 恋人にプレゼントしたいモノは
アクセサリー。特に指輪ですかね。

(87) 初恋は
小学校1年生。同じクラスの
ジュンコちゃんでした。

(88) 夫婦になるとこんな特権あります!
ごはん作ります。後片付けは、
できればお願いします。

(89) 子どもに付けたい名前(男)は
太郎。お洒落な名前ではなく、
日本男児っぽい
クラシックな名前を付けたい。

(90) 子どもに付けたい名前(女)は
すでに2人います。

(91) 過去最大のピンチは
海外出張前に事故に遭い、
出張に行けなかったこと。

(92) ピンチの乗り越え方は
「なるようになる」と思うこと。

(93) 無人島に持って行くモノは
お洒落な海パン。

(94) 得意な泳法は
平泳ぎ。疲れないので、
永遠に泳いでいられそう。

(95) 理想の男性像は
2.5枚目。見た目は2枚目、性格は3枚目。

(96) もしも生まれ変わったら
生物博士。特に昆虫、
両生類、爬虫類系です。

(97) 幸せを感じるときは
何も考えずに笑えたとき。

(98) 人生に最も必要なものは
大切な人との時間。

(99) 人生を楽しむコツは
大切にしてくれる人を大切にすること。
大切だと思う人を大切にすること。

(100) 人生とは
幸せの共有。

［巻末企画］ 100の質問

(01) 出身は
大阪府豊中市です。

(02) 身長は
180cmです。中学校3年間で
30cm背が伸びました。

(03) 体重は
65kgです。東京に
転勤してから少し痩せました。

(04) 血液型は
O型。典型的なおおざっぱです。

(05) 利き腕は
右です。足は左利きです。

(06) 視力は
両目ともに1.5。
なので、すべて伊達眼鏡です。

(07) 特技は
運動。足が速いです。

(08) 長所は
ポジティブなところ。
なんでも前向きに考えます。

(09) 短所は
いらち、つまりせっかちなところ。

(10) チャームポイントは
えくぼ。自分では嫌なんですが。

(11) 逆に、コンプレックスは
ヒゲが薄いこと。もっと渋みがほしい。

(12) クセは
足を組む。足を組まないと
落ち着かないんです。

(13) つい言ってしまうことは
「知らんがな」。

(14) 言われてうれしい言葉は
「素敵」。あまり「素敵」って
言われない言葉だと思うので。

(15) 得意分野は
もちろん洋服です。スタイリングには
自信を持っています。

(16) 気に入っているスタイルは
クラシックとビンテージを
混ぜたスタイル。

(17) ワードローブで、新品と古着の割合は
4:6くらいですかね。

(18) つい買ってしまうモノは
ビンテージデニム。
サイズとレングスが合うと、つい……。

(19) 持っていないと落ち着かないモノは
ハンドクリーム。季節問わず持ってます。

(20) スマホの色は
黒。ファッションの一部とは
考えていません。

(21) 1か月に洋服にかける金額は
10万円以内に抑えるようにしています。
物欲は無限ですが。

(22) 過去、一番高価な買い物は
ヴァシュロン・コンスタンタンの
金無垢の時計です。

(23) 宝くじが当たったら
家のローンを返します。

(24) 自分だけの宝物は
自身が培ってきた経験。失敗も含めて。

(25) もう一度味わいたいあの瞬間は
高校のラグビー部時代。燃えてました。

(26) マイブームは
映画鑑賞。好きなのは、マフィア映画です。

(27) 自分の意外な一面は
昆虫に詳しいこと。昆虫が好き。

(28) 弱点は
足の裏をくすぐられるとダメです。

(29) 世の中で一番怖いのは
ゴキブリ。
だけど、ちゃんと自分で退治します。

(30) 幽霊を信じるか
半分半分ですね。

(31) その理由は
科学的に実証されていない
こともあるので、そういうことも
あるんじゃないかと思います。

(32) 一番苦手なことは
算数ですね。

(33) その理由は
小さいときからどうも苦手で……。
その意識のまま
大人になってしまいました。

(34) いままでのテストの最高点は
100点。国語(現代文)が得意でした。

(35) いままでのテストの最低点は
30点。もちろん算数です。

(36) ほしい特殊能力は
瞬間移動。いろんな国に
瞬時に行きたいです。

(37) 最近、成長したなぁと思うところは
本気で怒らなくなりました。
内心は怒っていますが、
ガマンできるようになりましたね。

(38) ずっと変わらないところは
すぐに心を開くことです。
誰とでも打ち解けられます。

(39) これから伸ばしていきたいスキルは
語学。特に英語です。

(40) 気になっていることは
10年後の自分。
変わらずバリバリ働いていたい。

(41) 白髪になったら
染めません。自然体でいます。

(42) 20kg太ったら
クローゼットを整理。
ほとんど捨てることになりそうですが。

(43) いま、頑張りたいことは
自由な時間を作る。
余暇がほしいですね。

(44) ストレス解消法は
お酒を嗜むか、運動する。

(45) カラオケの十八番は
サザンオールスターズですかね。

(46) 理想的な休日の過ごし方は
自然のなかでボーっとしたい。

(47) 1日があと5時間増えたらしたいことは
寝る。でも、実際は仕事してますね。

(48) 1日のなかで一番ホッとする時間は
夕食の時間。ワインとともに。

(49) 自分の家で一番落ち着く場所は
カイ・クリスチャンセンのソファの上。

(50) ちょっとした空き時間にすることは
Instagramの質問コーナー。

(51) 入浴時間は
30分くらい。浸かっている時間も含めて。

(52) お風呂で最初に洗うところは
髪の毛です。

おわりに

私、西口修平初となるスタイルブック、いかがでしたか？
本書を通じて私が皆様にお伝えしたかったことは
「洋服は本当に楽しい！」ということです。
巷では、洋服が売れない時代と言われていますが、
そんな時代だからこそ、セレクトショップのバイヤーのひとりとして
すべての人に装うことの喜びや楽しみを
改めて感じていただきたいと強く願っています。
ネクタイを結んだ鏡のなかの自分が
いつもよりちょっとかっこ良く見えた瞬間。
季節の変わり目に、下ろしたてのコートに袖を通した朝。
そんなワクワクこそが、洋服の持つ無限の可能性です。
この高揚感を共有してくれる洋服好きが
ひとりでも増えますように——。

ビームスF　ディレクター

西口修平

私は洋服の
無限の可能性を
信じています.

Nishiguchi's
Closet

2019年10月15日 第1版 第1刷発行
2019年11月 4 日 第1版 第2刷発行
2019年12月 5 日 第1版 第3刷発行
2021年10月 4 日 第1版 第4刷発行

著者／西口修平（BEAMS）

発行人／松井謙介
編集人／松村広行

企画編集／青木宏彰
編集執筆／持田慎司
撮影／蜂谷哲実（hachiya studio）
スタイリング／稲田一生
ヘアメイク／北村達彦
校閲／小池晶子
アートディレクション／原田 諭（Hd LAB Inc.）

発行所／株式会社ワン・パブリッシング
〒110-0005 東京都台東区上野3-24-6
印刷所／凸版印刷株式会社
本文DTP／アド・クレール

●この本に関する各種お問い合わせ先
内容等のお問い合わせは、下記サイトのお問い合わせフォームよりお願いします。

不良品（落丁、乱丁）については ☎0570-092555
業務センター 〒354-0045 埼玉県入間郡三芳町上富279-1

在庫・注文については書店専用受注センター ☎0570-000346

ワン・パブリッシングの書籍・雑誌についての新刊情報・詳細情報は、下記をご覧ください。
https://one-publishing.co.jp/